COUDRE À LA MACHINE

SPÉCIAL DÉBUTANTES

Pour réussir ses premiers pas !

Marie E. Debuisson

Dessain et Tolra

Remerciements

Tous les pas à pas de ce livre ont été réalisés
avec la **machine à coudre Initiale** prêtée par SINGER.

www.singer.com

SINGER

Dépôt légal : mai 2014

ISBN : 978-2-295-00468-0

Direction de la publication : Isabelle Jeuge-Maynart et Ghislaine Stora

Direction éditoriale : Colette Hanicotte

Coordination éditoriale : Corinne de Montalembert

Conception maquette : Damien Payet

Photographies : Olivier Ploton

313583/01 - 11025738 - mars 2014
Imprimé en Chine

Sommaire

Ma **machine**

> Toutes les machines à coudre présentent les mêmes fonctions de base. Si l'on débute, mieux vaut opter pour une machine basique.

> Certaines fonctions, comme le remplissage de la canette, le point droit, le point zigzag ou la boutonnière, peuvent varier d'une marque à l'autre. On se reportera au guide de sa machine.

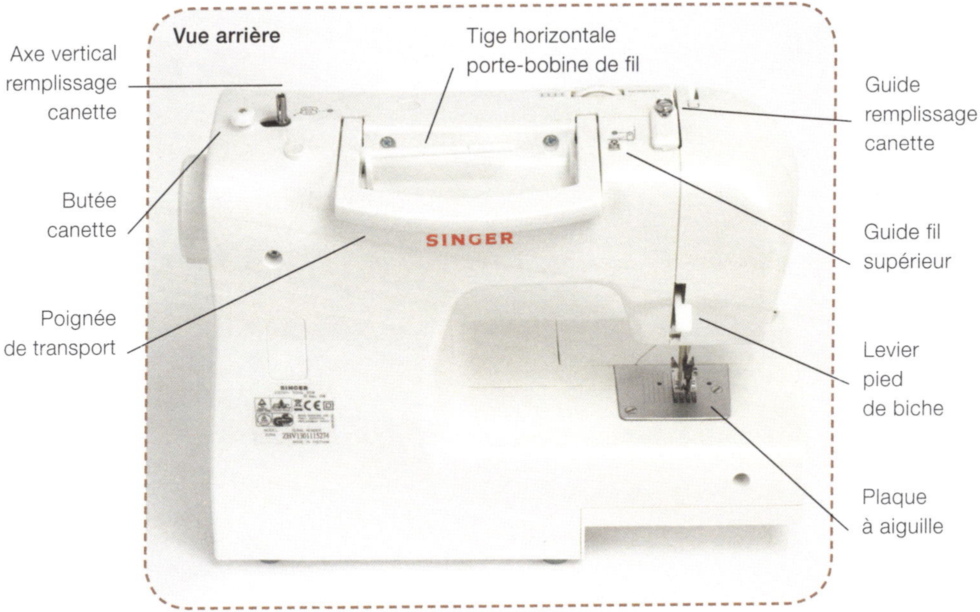

Ma machine

> La pédale :

La pédale, appelée aussi « rhéostat », est un élément essentiel de la machine. Elle sert à activer le fonctionnement de l'aiguille et permet d'accélérer ou de ralentir son mouvement, un peu comme un accélérateur de voiture ; elle se pose donc par terre. Elle est reliée à une prise qui se branche sur le côté de la machine.

> Attention : certaines machines n'ont pas d'interrupteur, elles sont en état de marche dès que la prise est branchée.

> Les accessoires :

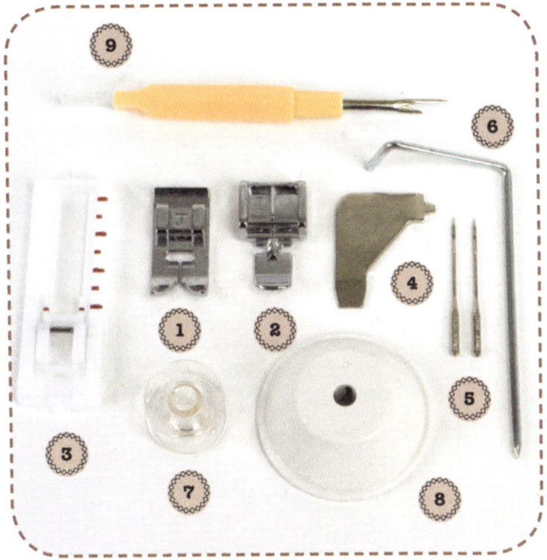

La machine contient des accessoires (pouvant varier en nombre selon la marque), avec notamment un pied presseur universel (1), un pied pour fermeture à glissière (2), un pied pour boutonnière (3), un tournevis (4), quelques aiguilles (5), un guide de couture (6), une canette (7), un cale (ou arrêt) bobine (8), un découd-vite (ou découseur)/brosse (9).

> Le bras libre :

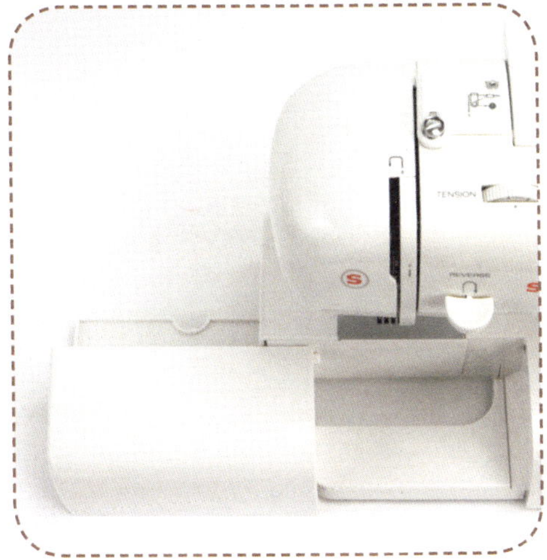

Toutes les machines sont équipées d'un bras amovible qui permet, une fois retiré, d'enfiler des manches ou des jambes de pantalon sur le bras libre, ou tout simplement d'être plus à l'aise si le volume de tissu est important. Libérer le bras libre de la machine en tirant le bras amovible vers la gauche. Un clapet permet de l'ouvrir et d'y ranger les accessoires.

Le pied **presseur**

> Changer de pied presseur :

Avec le levier pied de biche, remonter le pied presseur, puis le libérer en actionnant le petit levier situé à l'arrière.

Pour remettre en place le pied presseur, le positionner sous les crochets du pied de biche, faire descendre ce dernier avec le levier pied de biche sur l'axe du pied presseur.

Remonter le pied de biche pour s'assurer que le pied presseur est bien en place.

Le guide de couture permet de surpiquer à des distances précises du bord du tissu (utile aussi pour le matelassage).

Introduire le guide de couture sous la patte métallique située au-dessus du levier pied presseur et régler sa position : le tissu viendra en butée contre le guide de couture.

CONSEIL

Vérifier que la machine est bien débranchée avant de changer le pied presseur (universel, pour fermeture à glissière ou pour boutonnière) et travailler toujours avec l'aiguille en position haute.

La **canette**

> Remplissage de la canette :

Mettre la bobine en place sur la tige horizontale, placer le fil sur 2 curseurs, introduire son extrémité dans le petit trou de la canette, placer celle-ci sur l'axe vertical et déplacer celui-ci à droite, contre la butée.

En actionnant la pédale, remplir la canette. Le remplissage s'interrompt automatiquement lorsqu'elle est pleine. Sur certaines machines, il est nécessaire pour remplir la canette de desserrer (ou débrayer) le volant.

> Placement de la boîte à canette :

1 Introduire la canette dans la boîte à canette, faire passer le fil dans la petite fente et le tirer latéralement sous la plaque de tension jusqu'à ce qu'il sorte par l'orifice.

2 Engager à fond la boîte à canette sur son axe de placement.

3 Son ergot placé à la verticale se loge dans l'encoche.

Utiliser toujours un fil de canette de qualité identique à celle de la bobine utilisée pour l'enfilage supérieur de la machine, sinon la piqûre risque d'être irrégulière.

1.

2.

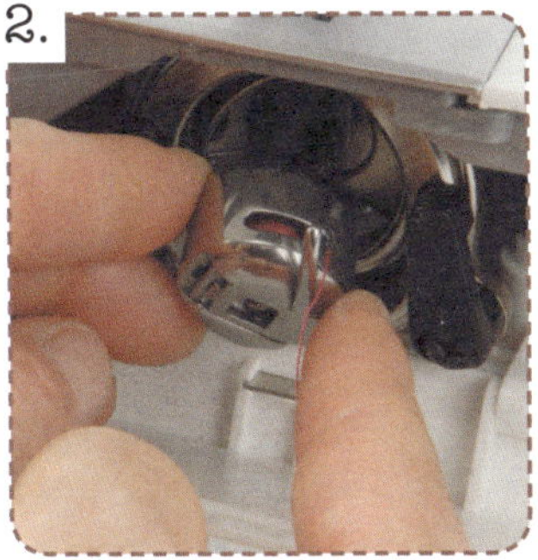

3.

Enfilage du **fil supérieur**

> Le principe pour toutes les machines reste le même : le fil part de la bobine, passe dans le releveur de fil, puis chemine jusqu'à l'aiguille.

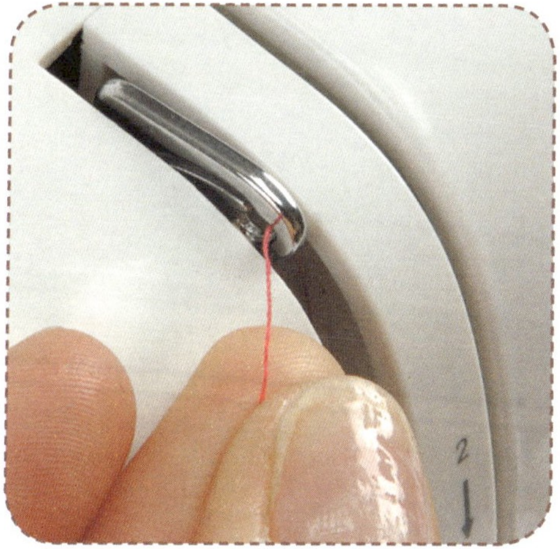

Placer la bobine sur la tige horizontale (le porte-bobine) et la maintenir avec l'arrêt bobine. Ramener le fil dans la fente, remonter en suivant le sens des flèches et passer dans le releveur de fil.

Passer le fil derrière, dans le guide fil supérieur.

1.

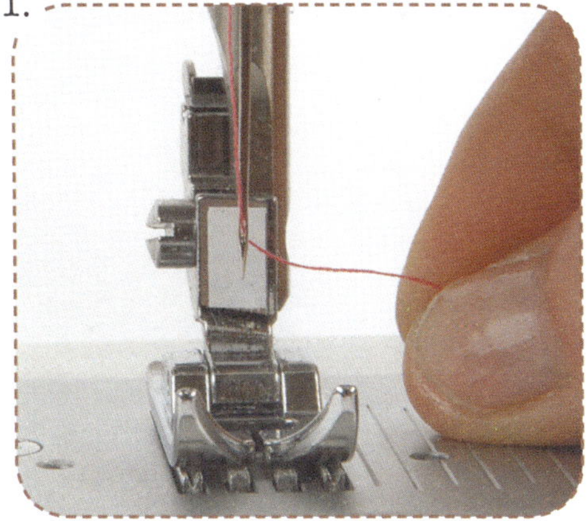

2.

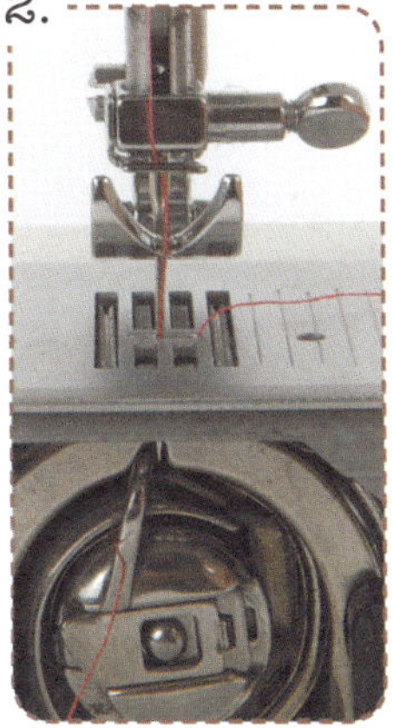

3.

1 Enfiler l'aiguille (pied presseur baissé). L'enfilage se fait toujours avec l'aiguille en position haute. Relever le pied presseur.

2 Pour faire remonter le fil de canette, bloquer le fil de l'aiguille sur le bras de la machine avec la main gauche, puis tourner le volant afin de faire descendre l'aiguille. Le volant se tourne vers soi pour monter ou descendre l'aiguille. En général, on ne le tourne pas dans l'autre sens.

3 Poursuivre le geste jusqu'à ce que l'aiguille remonte le fil de la canette.

4 Introduire la pointe d'une paire de ciseaux dans la boucle et tirer afin d'extraire le fil.

4.

Les **aiguilles**

1 Il existe tout un assortiment d'aiguilles adaptées aux différents tissus plus ou moins épais (l'universelle, la Jean, l'aiguille Stretch ou Jersey, la Microtex, l'aiguille à cuir, simili, suédine et tissu ciré). Plus le chiffre de l'aiguille est petit, plus celle-ci est fine. Utiliser à chaque fois une aiguille en parfait état. Penser à les remplacer régulièrement, car elles s'usent.

2 Pour changer l'aiguille, desserrer la vis du pince aiguille à l'aide de l'outil fourni.

3 Insérer une nouvelle aiguille, le côté plat de la tige tourné vers l'arrière, puis resserrer la vis du pince aiguille.

1.

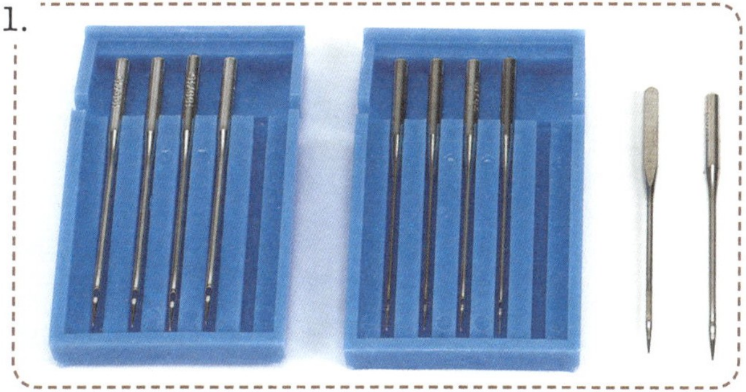

2.

3.

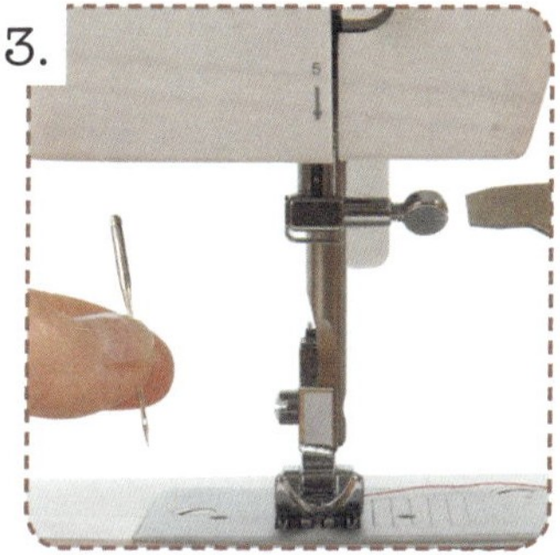

1 Pour libérer l'ouvrage, tourner le volant vers vous pour remonter l'aiguille. Monter celle-ci à fond avant de retirer l'ouvrage : les fils se dégageront ainsi tout seul de la canette.

2 Soulever le pied presseur avec le levier pied de biche situé à l'arrière de la machine.

3 Écarter l'ouvrage de la machine afin de libérer une dizaine de centimètres de fil, puis couper les fils au ras du tissu.

1.

2.

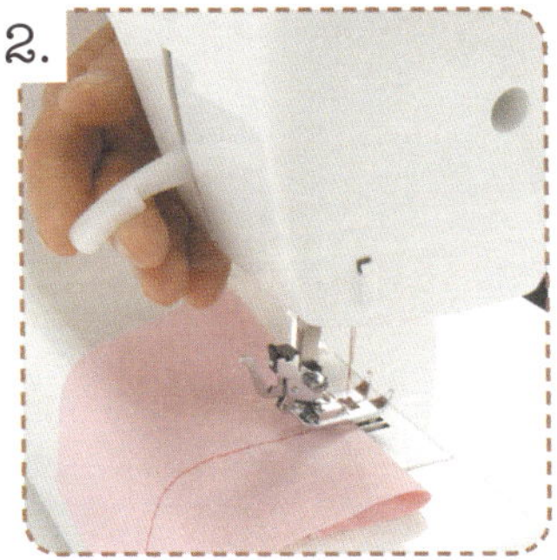

3.

La tension **du fil**

> Réglages de la tension :

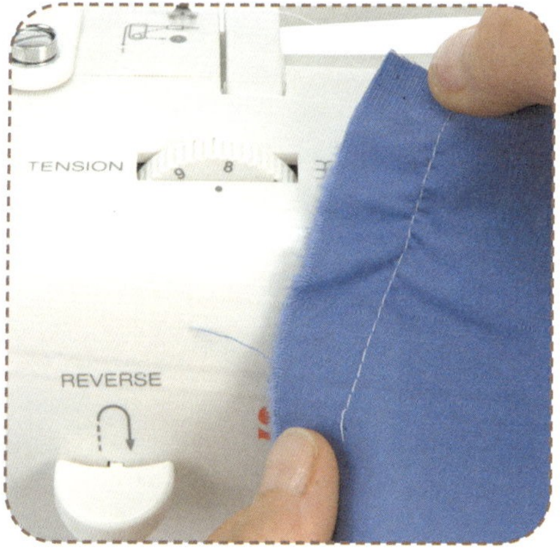

La tension du fil se mesure de 0 (minimum) à 8 (maximum). Elle peut être mal réglée.

Si la machine commence à faire des fronces c'est que la tension est trop forte. Tourner alors la molette vers le minimum.

Si le fil fait des boucles sur l'envers du tissu, la tension est trop faible. Dans ce cas, il faut tourner la molette vers le maximum.

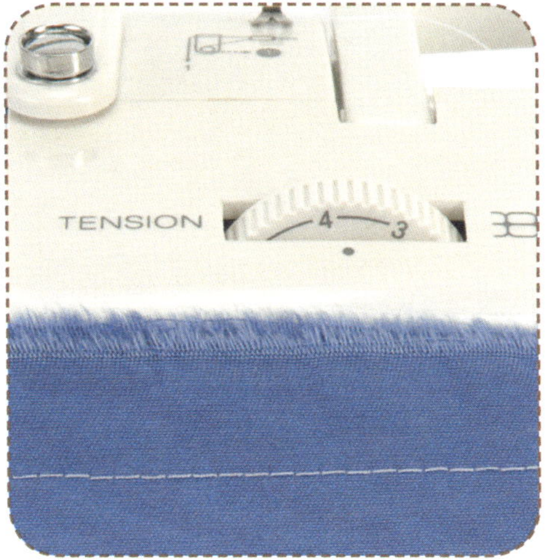

Si la couture est nette sur l'endroit comme sur l'envers, la tension est bonne.

La presque totalité des travaux de couture se fait avec une tension comprise entre 3 et 5. Si la couture n'est pas nette, vérifier avant toute chose le bon enfilage supérieur de la machine : il arrive que le fil saute et manque une étape de l'enfilage.

CONSEIL

Une canette mal garnie peut aussi être la cause d'une couture irrégulière : ne jamais bobiner une canette à la main. Suivre aussi toujours précisément le circuit de l'enfilage indiqué par le fabricant, qui est prévu pour optimiser la tension du fil.

Le point **droit**

> C'est le point qui est le plus souvent employé pour les coutures, les ourlets, les surpiqûres ou les fronces. S'entraîner avant sur des chutes de tissus.

Tourner le bouton sélecteur de point jusqu'à placer le point choisi sous le rond gris de la machine.

Choisir la longueur de point avec le bouton de réglage ; plus le chiffre est grand, plus le point est long.

En général, les points longs sont utilisés pour coudre des tissus épais (ou la toile cirée).

> Démarrage du point droit :

Placer l'ouvrage sous le pied presseur, piquer sur 1 ou 2 cm, puis faire une marche arrière en appuyant sur la touche marche arrière jusqu'à revenir au point de départ. Lâcher le bouton et repartir en marche avant.

En faisant une marche arrière après les premiers points, la couture ne se défera pas. Faire la même chose juste avant l'arrêt d'une couture.

Pour un angle net lorsque l'aiguille arrive au bout, soulever le pied presseur en laissant l'aiguille enfoncée (si elle ne l'est pas, tourner le volant vers vous afin de l'enfoncer).

Tourner le tissu, rabaisser le pied presseur et reprendre la couture.

Le point **zigzag**

> C'est le point qui sert à surfiler (le plus lâche), à réparer les accrocs ou à poser un appliqué (le point zigzag le plus serré).

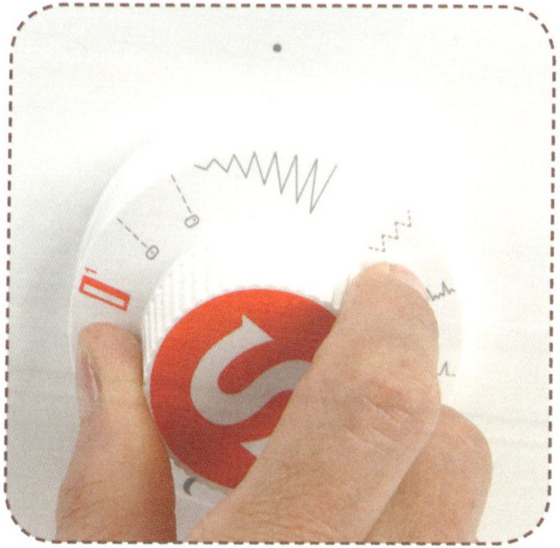

Tourner le bouton sélecteur de point pour choisir la largeur du point zigzag.

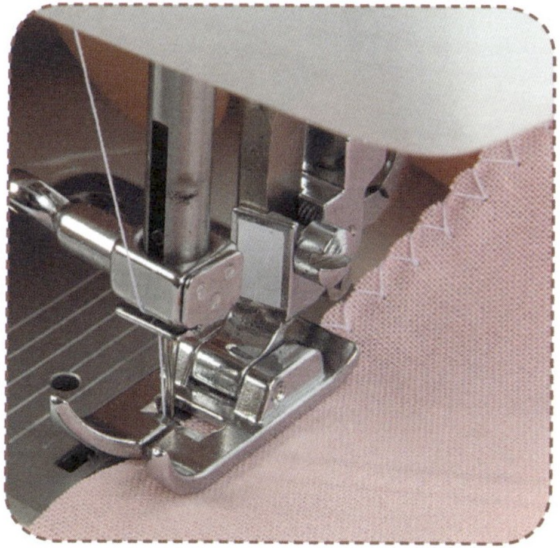

Le point zigzag sert à surfiler les bords d'un tissu afin d'éviter qu'il s'effiloche. En principe, chaque pièce de tissu est surfilée.

La taille standard du point est 3. Entre 0 et 0,5, le zigzag devient un point de bourdon.

> Découdre une couture :

Pour découdre une couture, utiliser le découd-vite : faire glisser la pointe sous le fil et le sectionner. Travailler entre les 2 épaisseurs de tissu lorsque cela est possible, sinon sur l'un des côtés seulement. Une pince à épiler peut être utile pour retirer ensuite les petites longueurs de fil.

Avant de coudre à nouveau, s'assurer que tous les fils ont bien été retirés.

CONSEIL

On peut aussi découdre très rapidement une couture en tirant sur le fil situé sur l'envers du tissu (le fil de canette).

Comment faire des **fronces**

> Les fronces sont très faciles à faire à la machine. Un réglage et 2 coutures au point droit suffisent.

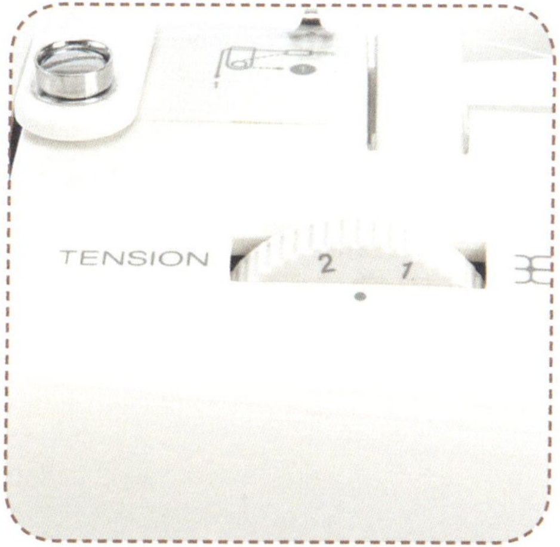

Régler la molette de la tension du fil supérieur sur 1,5 et la longueur de point sur 4.

Faire une première couture en commençant avec une marche avant/marche arrière (voir étape 1, p. 21). Retirer l'ouvrage, laisser 15 cm de fil et couper.

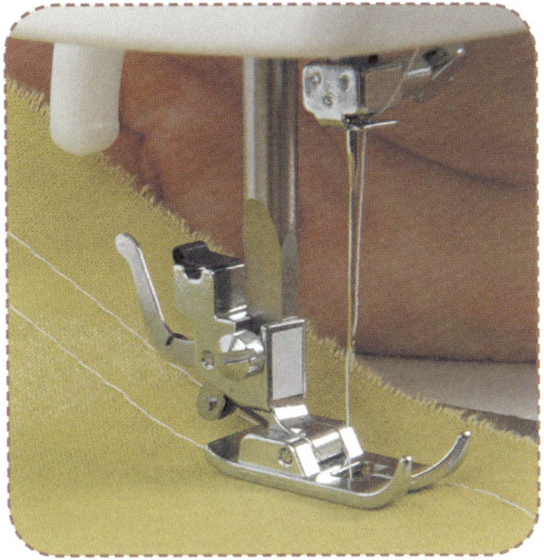

Effectuer une deuxième couture à 6 mm de la première. Laisser 15 cm de fil et couper.

Sur l'envers, tirer les fils afin de froncer le tissu. Stopper chaque fil avec une épingle placée perpendiculairement. Assembler ensuite l'ouvrage à l'autre pièce en plaçant très régulièrement des épingles perpendiculairement aux fronces pour qu'elles restent en place lors de la piqûre.

CONSEIL

Il est possible de froncer avec une seule ligne de couture, mais piquer 2 lignes, voire même 3, permet d'obtenir des fronces plus régulières.

Comment faire un **ourlet invisible**

> Très commode sur des tissus extensibles (Stretch), ce point ne nécessite qu'un marquage de plus sur l'ourlet. Il permet de surfiler en même temps.

Tourner le bouton sélecteur de point pour choisir le point.

Marquer au fer à repasser le pli de l'ourlet, puis retourner l'ourlet contre l'endroit du tissu en laissant dépasser le bord du tissu de 7 mm environ.

Placer l'ourlet sous le pied presseur, de manière que l'aiguille ne pique que le bord du pli lorsqu'elle est le plus à gauche. Piquer lentement l'ourlet en veillant à maintenir la position du pli.

L'ourlet est invisible sur l'endroit. Une fois l'ourlet terminé, il faut le repasser.

Faire quelques essais sur des chutes de tissus avant de se lancer : la technique n'est pas compliquée, mais nécessite un peu d'entraînement.

Comment poser une **fermeture à glissière séparable**

> Sur une petite veste ou un gilet, il est possible de changer la fermeture à glissière lorsque celle-ci ne fonctionne plus.

Replier les extrémités et faufiler chacune des 2 parties de la fermeture.

Placer le pied pour fermeture à glissière en position gauche et régler sur point droit. Piquer, sans recouvrir le fil de bâti, jusqu'au milieu de la fermeture.

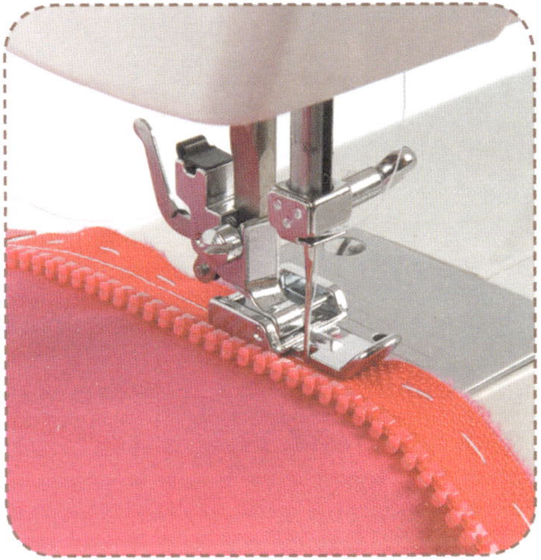

S'arrêter, placer l'aiguille en position basse afin que le tissu ne bouge pas, faire passer le curseur de la fermeture à glissière de l'autre côté et continuer la piqûre.

Lorsque les 2 côtés sont piqués, découdre le bâti. La fermeture peut être fermée.

Comment poser une **fermeture à glissière non séparable**

> Ce type de fermeture est utilisé pour fermer des sacs ou des coussins, mais aussi dans la confection. La pose sera facilitée si le travail est bien préparé.

Épingler la fermeture en place, en positionnant les crans au ras des rabats du tissu. Faufiler.

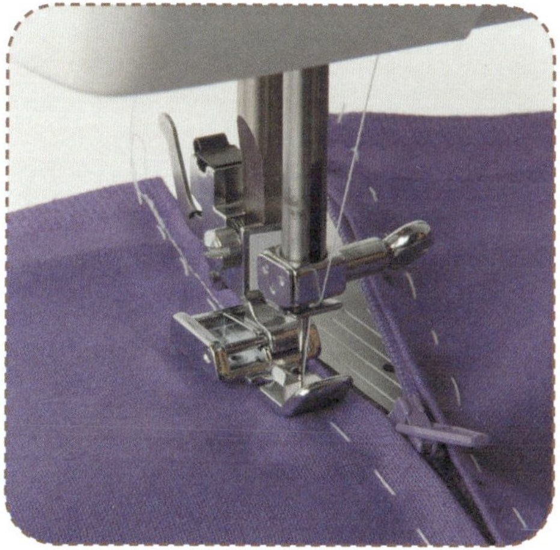

Placer le pied pour fermeture à glissière en position droite. Sélectionner le point droit, puis piquer, en évitant le fil de bâti, jusqu'au curseur. Placer l'aiguille en position basse afin que le tissu ne bouge pas.

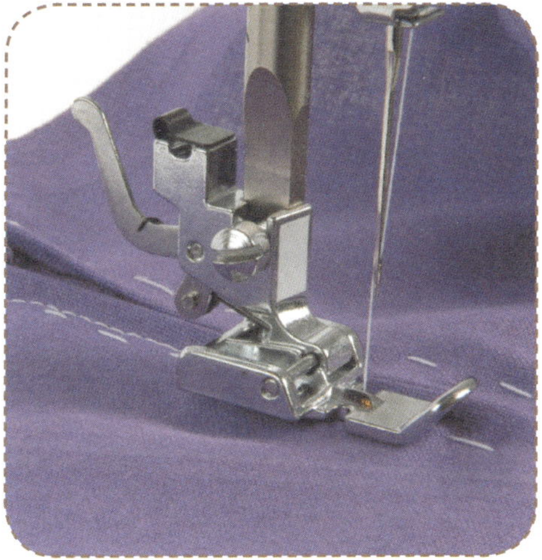

Soulever le pied, puis faire passer le curseur à l'arrière. Poursuivre la couture.

Arrêter à la hauteur voulue, piquer l'aiguille et la laisser en position basse. Tourner l'ouvrage et piquer la couture transversale en veillant à ne pas passer sur le stop métallique de la fermeture afin de ne pas casser l'aiguille. Poursuivre la couture de l'autre côté.

CONSEIL

Lors de la pose d'une fermeture à glissière sur une trousse par exemple, penser à ouvrir la fermeture avant de terminer la piqûre, sinon il sera impossible de retourner l'ouvrage sur l'endroit.

Comment coudre une **boutonnière**

> Un pied spécial permet de réaliser des boutonnières en quelques étapes. Bien s'entraîner avant sur des chutes de tissus.

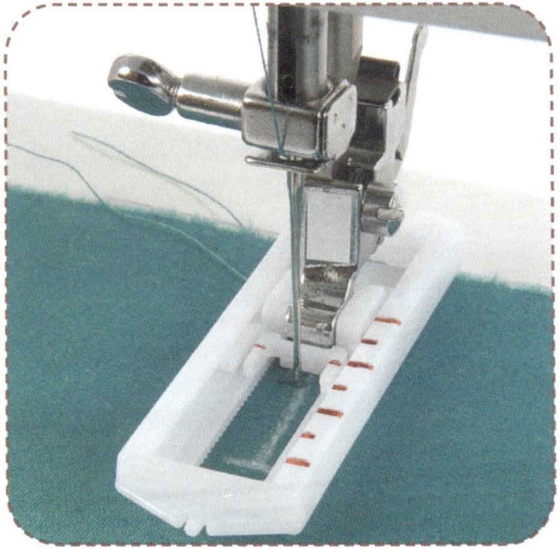

À l'emplacement désiré, tracer un trait de la dimension du bouton plus 3 mm. Ajouter aux 2 extrémités un petit trait perpendiculaire.

Régler le point sur 1 de la boutonnière et le bouton de longueur de point entre 0 et 1.

Mettre en place le pied presseur pour boutonnière et glisser le tissu sous le pied. Commencer la piqûre par le côté droit de la boutonnière, le long du trait. Arrêter la couture au niveau du trait perpendiculaire.

1. 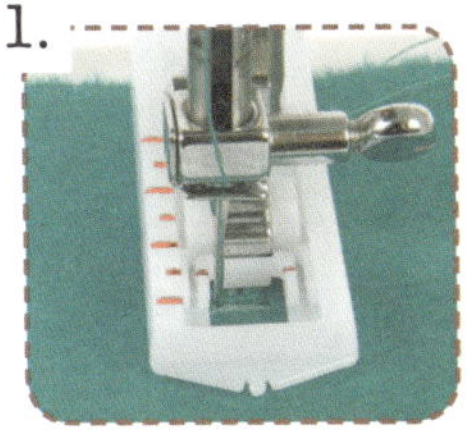

2. 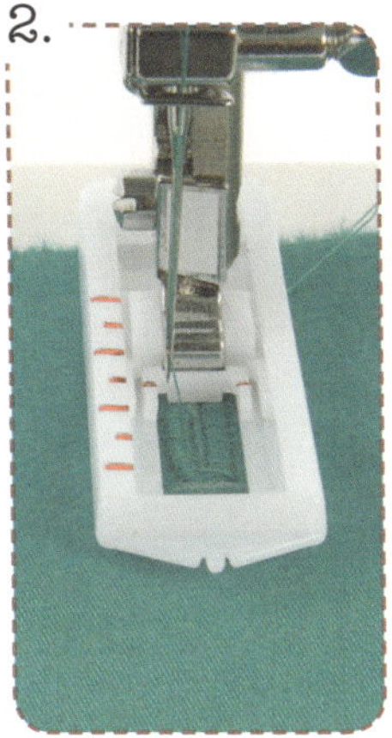

3. 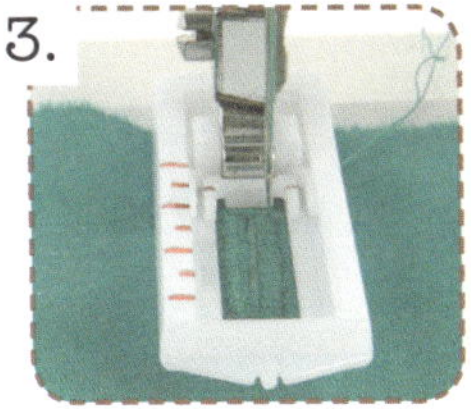

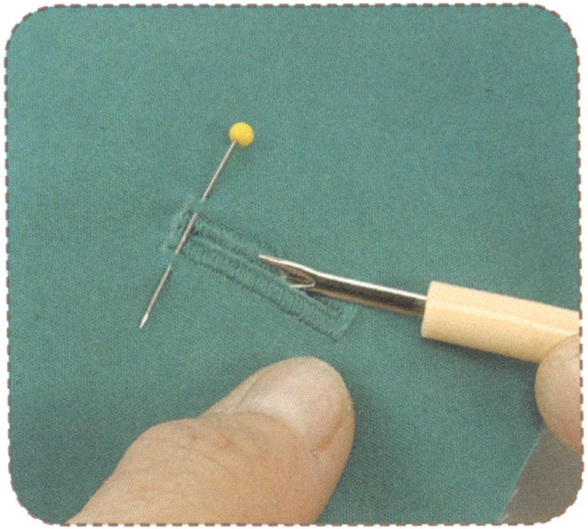

1 Relever l'aiguille et placer le sélecteur de point sur 2 de la boutonnière, puis faire la couture transversale ; 4 ou 5 points suffisent.

2 Relever l'aiguille, placer ensuite le sélecteur sur 3 de la boutonnière et remonter le long du trait. Le second côté est de même longueur que le premier.

3 Relever l'aiguille et placer enfin le sélecteur sur 4 de la boutonnière. Terminer par la seconde couture transversale.

Ouvrir la boutonnière avec le découd-vite, en introduisant sa pointe à l'une des extrémités. Découper vers le centre de la boutonnière. Poser une épingle perpendiculairement à la boutonnière, juste avant la couture transversale, afin de ne pas l'entamer.

Si le tissu est fin, coller au dos un morceau de toile thermocollante avant de tracer la boutonnière.

Comment poser un **appliqué**

> C'est simple : l'appliqué se fait au point zigzag (voir p. 22) sur 2 pièces de tissu superposées

Découper un morceau de toile thermocollante de la taille du motif plus 3 cm tout autour. Avec un fer à repasser, en position chaud sans vapeur, coller ce morceau au dos du tissu, en faisant des mouvements lents et circulaires.

Retracer sur la toile le motif à appliquer, puis le découper soigneusement.

Épingler le motif en place.

Placer le sélecteur de point sur le plus grand zigzag et le bouton de longueur de point sur 0,5 pour faire un point de bourdon (voir p. 22). Piquer le tour du motif.

CONSEIL

S'il s'agit d'une lettre ou d'un chiffre, ne pas oublier de reporter le motif à l'envers. L'appliqué peut aussi être piqué au point droit à 2 mm du bord du tissu.

Comment réussir un **bel arrondi**, un **bel angle**

> Pour ne pas avoir d'épaisseur au niveau des coutures, il faut cranter les réserves. C'est un geste simple pour des finitions parfaites.

Après avoir réalisé la piqûre, cranter les réserves de couture sur l'envers : la toile sera ainsi libre de se mettre en place.

Toujours sur l'envers, couper l'excédent de tissu situé dans chacun des angles.

Retourner sur l'endroit et repousser soigneusement les angles ou l'arrondi à l'aide de la pointe d'une paire de ciseaux.

CONSEIL

Lors du crantage des réserves de couture, faire très attention à ne pas entailler la couture. Pour cela, utiliser des petits ciseaux, plus maniables, et couper jusqu'à 1 ou 2 mm seulement de la piqûre.

Comment réussir de **belles finitions**

> Surpiqûres :

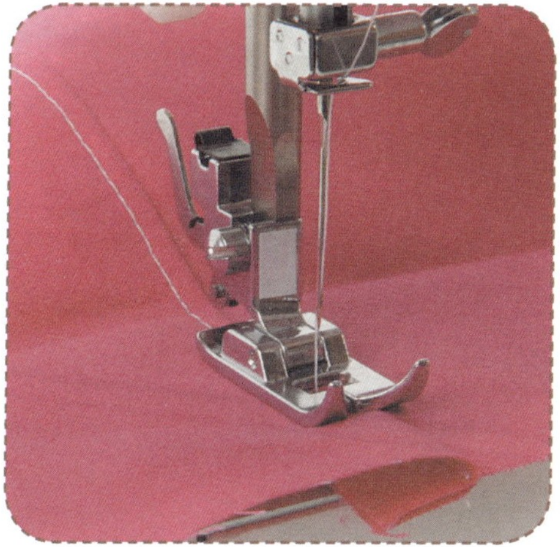

Les surpiqûres font des finitions irréprochables. En outre, elles consolident la piqûre.

Rabattre les réserves de couture d'un côté avec le fer à repasser, puis surpiquer à 2 mm de la couture.

Pour une surpiqûre double, ouvrir la couture avec le fer à repasser (voir étape 2, p. 46), puis faire une surpiqûre de part et d'autre de la couture.

> Doublure :

Découper les pièces de doublure 2 mm plus petites que les pièces à doubler ou augmenter de 2 mm les réserves de couture : il faut que la doublure puisse être introduite sans faire de pli. Piquer la doublure et l'ouvrir avec le fer à repasser (voir étape 2, p. 46). Introduire la doublure dans l'ouvrage, envers contre envers, en faisant correspondre les coutures.

> Piqûre invisible :

Pour assembler 2 tissus de couleur différente, choisir une couleur de bobine correspondant à celle du tissu du dessus et une couleur de canette identique à celle de la toile du dessous. Attention à utiliser la même qualité de fil.

Comment réparer un **accroc**

> Premières victimes : les jeans, dont on ne prend pas toujours grand soin. Avec une machine, réparer un accroc est presque un jeu d'enfant.

Coller un morceau de toile thermocollante sous l'envers de l'accroc avec le fer à repasser (voir étape 1, p. 34) ou bâtir un morceau de tissu : cette étape permet de consolider la réparation.

Placer le sélecteur de point sur grand zigzag.

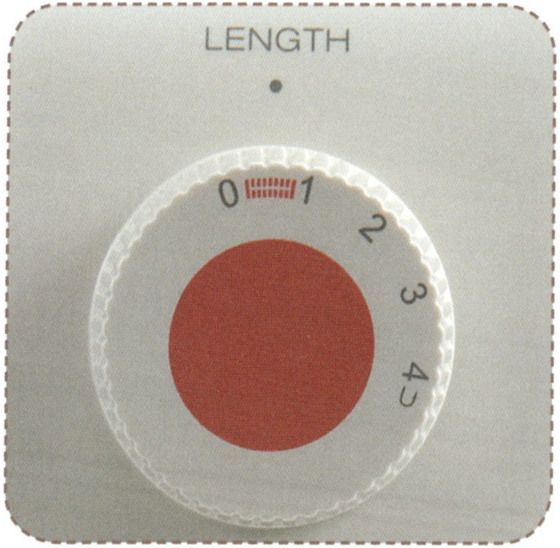

Régler la longueur de point entre 0 et 1.

Piquer le point de bourdon (voir p. 22) à cheval sur la déchirure. Ne pas hésiter à commencer le point avant la déchirure et à l'arrêter 1 à 2 cm plus loin afin de consolider les bords.

CONSEIL

Autre possibilité pour réparer un accroc : piquer grossièrement un point zigzag afin de stopper la déchirure. Puis, au point droit ou de bourdon, appliquer par-dessus un motif (étoile, lettre...) découpé dans un joli tissu (fleuri, vichy, à pois...).

Comment faire une **coulisse**

> La coulisse est bien utile pour confectionner des pochettes ou des petits sacs fourre-tout, ou pour régler la taille d'une jupe ou d'un pantalon.

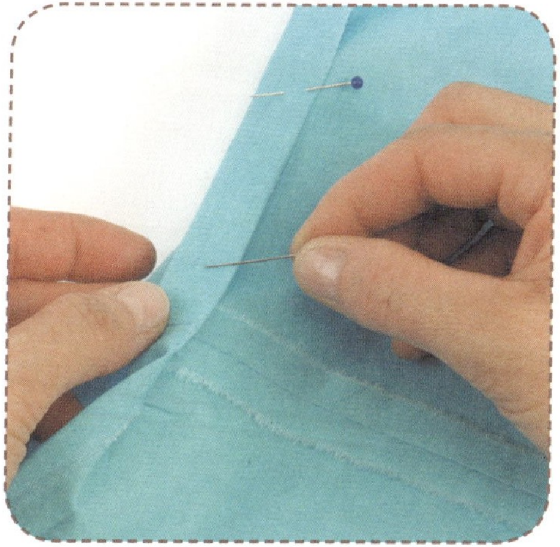

Faire un double rentré (1 et 1,5 cm) sur l'envers pour ourler le tissu.

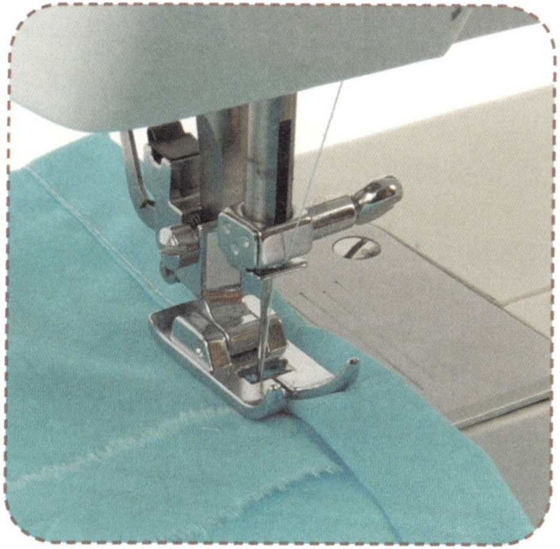

Piquer la couture tout du long, en laissant une ouverture de 5 cm qui va servir à passer l'élastique ou le cordon.

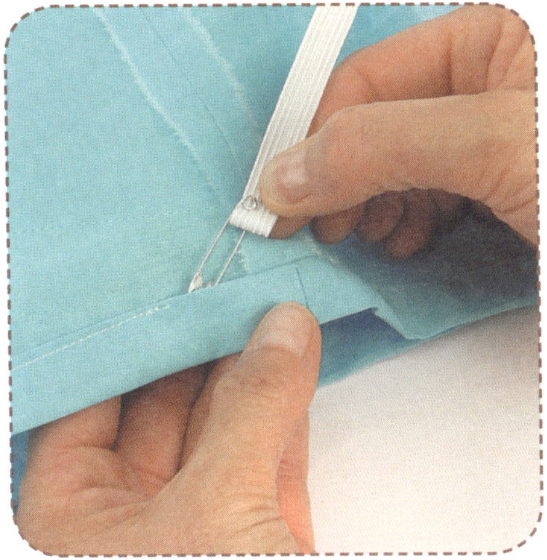

Piquer une épingle de nourrice dans l'une des extrémités de l'élastique ou du cordon, puis passer celui-ci dans la coulisse par l'ouverture.

Penser à retenir l'extrémité libre de l'élastique ou du cordon, sinon elle se perdra dans la coulisse.

Piquer les 2 extrémités de l'élastique ou du cordon au point zigzag, avant de rentrer celui-ci dans la coulisse. Replacer l'ouvrage sous le pied presseur de la machine et fermer l'ouverture.

Notions de **couture de base**

> Matériel :

Des grands ciseaux pour la coupe du tissu, une autre paire pour les patrons, des petits pour couper les fils ou cranter les coutures, un mètre de couturière, des aiguilles et épingles, une craie ou un feutre effaçable, un assortiment de fils.

> Tissus :

Molleton, polaire, lin, jean, coton, velours, toile cirée… Le choix du tissu se fera en fonction de l'ouvrage. Penser à adapter la taille de l'aiguille et éventuellement la grosseur du fil à l'épaisseur du tissu.

> Épingler les pièces :

Pour faciliter la piqûre, piquer les épingles perpendiculairement à la couture ; ainsi, elles ne gêneront pas le passage de l'aiguille de la machine. Dans les angles, les piquer en biais.

Pour la toile cirée ou le cuir, piquer les épingles sur la ligne de piqûre ou dans les réserves de couture pour qu'elles ne laissent pas de trous.

> Bâtir :

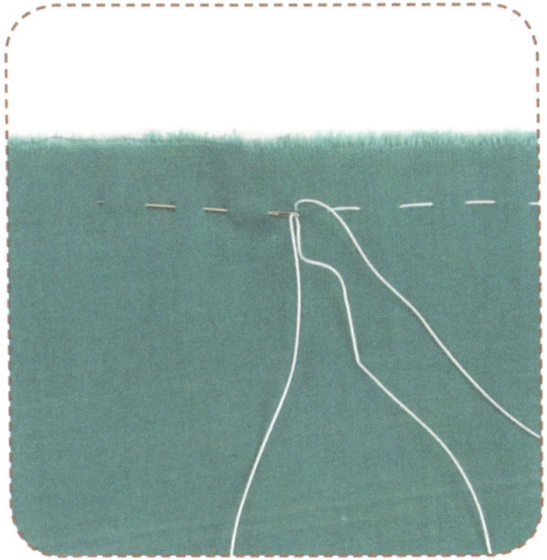

Avant de piquer, on peut aussi faire un bâti afin de maintenir le tissu. Faire un point avant de 4 ou 5 mm de long avec un fil contrasté. Éviter de piquer par-dessus à la machine pour pouvoir le retirer sans difficulté.

Grâce au bâti, il est possible aussi de vérifier grossièrement le résultat avant la piqûre en retournant l'ouvrage.

> Réserve de couture :

La réserve de couture est l'espace laissé entre la couture et la bordure du tissu. Elle est en général de 1 cm de large (5 mm pour les petits ouvrages). Lorsqu'elle n'est pas incluse dans les patrons, on doit la rajouter avant de couper le tissu ; dans ce cas, une mention figure sur le patron stipulant qu'il faut le faire.

> Ouvrir la couture :

Pour une belle finition, il est conseillé de repasser les coutures, en les ouvrant chaque fois que c'est possible.

> Coudre un bouton :

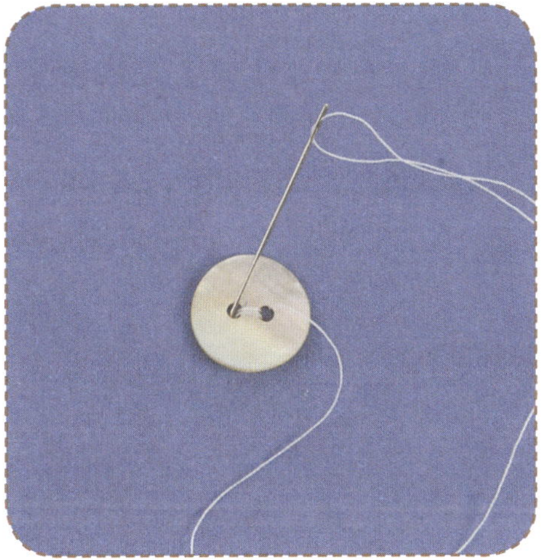

Certaines machines proposent la couture des boutons. Utiliser la fonction ou coudre soi-même son bouton. Pour cela, préparer une aiguillée de fil d'environ 25 cm, faire un nœud à son extrémité et coudre le bouton à l'endroit désiré en faisant plusieurs passages dans les trous.

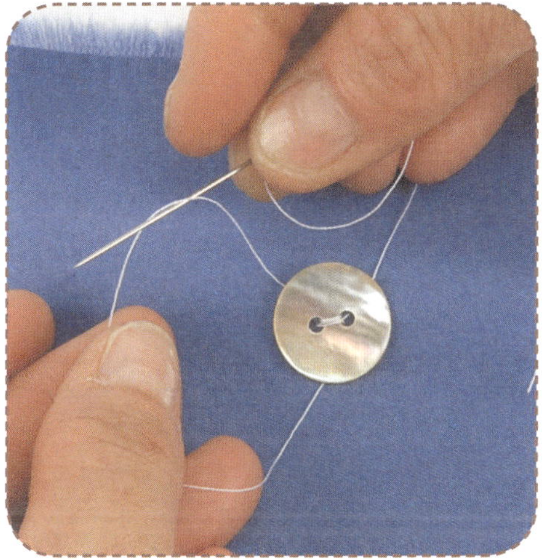

Pour arrêter le fil, faire une boucle entre le bouton et le tissu et repasser le fil dedans. Recommencer plusieurs fois et repasser le fil sur l'envers du tissu avant de le couper.

Travaux pratiques - **Le sac en toile cirée**

> Cette réalisation permet la mise en pratique des bases simples acquises dans cet ouvrage : le point droit, la surpiqûre et l'ourlet.

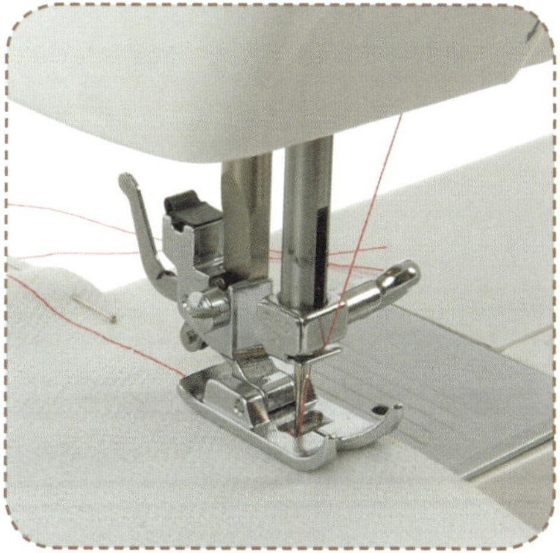

Couper un rectangle de 45 cm x 70 cm dans de la toile cirée au joli motif. Le plier en deux, endroit contre endroit, en plaçant les petits côtés l'un sur l'autre. Piquer les 2 hauteurs du sac.

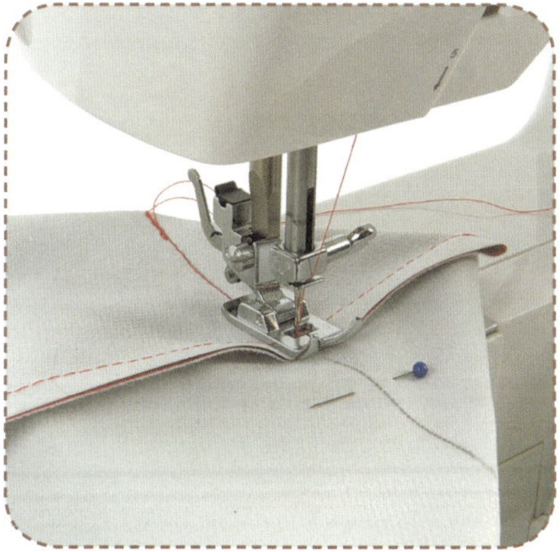

Pour former le fond, travailler sur l'envers et de chaque côté du sac. Superposer chaque couture latérale au pli du fond, mesurer de part et d'autre de la couture 6 cm, tracer et piquer. Le fond doit mesurer 12 cm de large.

1.

2.

1 Couper 2 bandes de 45 cm x 5 cm pour les anses. Faire un rentré de 5 mm sur chacun des 2 grands côtés des bandes, puis les plier en deux dans la longueur, envers contre envers. Piquer les bords ouverts et surpiquer le pli de chaque anse à environ 2 mm du bord.

2 Ourler le haut du sac, faire un rentré de 2 cm sur l'envers, puis épingler la base des poignées à 14 cm des coutures latérales (les bases de chaque anse sont espacées de 15 cm). Piquer à 1,5 cm du bord haut.

3 Faire une surpiqûre à 2 mm du bord haut. Surpiquer ensuite les montants du sac à 2 mm du bord.

3.

Travaux pratiques - **L'ours**

> Cette réalisation permet la mise en pratique de notions de couture plus complexes dues à la mise en volume d'un objet.

Se reporter à la liste du matériel p. 61. Découper les différentes pièces du patron (voir p. 60 et 61). Reporter chaque morceau sur l'envers du tissu, puis couper en ajoutant 5 mm de réserve de couture. Surfiler chacune des pièces.

Assembler deux à deux, endroit contre endroit, les 2 pièces du corps, des bras, des pattes et des oreilles. Laisser une ouverture aux repères indiqués sur le patron pour pouvoir retourner sur l'endroit (la base des oreilles reste ouverte).

Pour la tête, assembler endroit contre endroit le devant et le museau, puis les 2 joues.

Assembler et piquer endroit contre endroit les 3 pièces qui forment l'arrière de la tête.

CONSEIL

Assembler les différentes pièces de l'ouvrage en faisant bien correspondre les numéros qui sont indiqués sur les patrons (voir p.60 et 61).

Travaux pratique - **L'ours**

Assembler et piquer endroit contre endroit le devant de la tête avec l'arrière, en plaçant les oreilles à l'intérieur (donc sur l'endroit) aux repères indiqués sur le patron. Retourner la tête sur l'endroit.

Rentrer endroit contre endroit la tête dans le corps en faisant correspondre l'arrière de la tête avec le dos. Coudre à la main le corps à la tête. Retourner sur l'endroit en passant par l'ouverture du dos.

Rembourrer les membres, le corps et la tête, puis fermer à la main les ouvertures restantes.

Coudre les 2 boutons pour les yeux.

Coudre les 2 bras en même temps, en plaçant sur chacun d'eux un bouton. Faire passer le fil plusieurs fois dans les boutons et à travers le corps au niveau des repères. De la même manière, coudre les pattes. Cousus ainsi, les membres sont mobiles.

CONSEIL

Si l'ourson est destiné à un petit enfant, broder les yeux et faire un gros nœud à la place des boutons bleus qui fixent les bras et les pattes.

Sécurité et petite maintenance

> Brancher et débrancher :

Il faut toujours brancher et débrancher la pédale en tenant la fiche, sans tirer sur les fils.

> Changer l'ampoule :

Pour changer l'ampoule, débrancher la machine, dévisser le capot, puis aussi l'ampoule.

Remplacer l'ampoule par une ampoule similaire, au maximum de 15 watts. Revisser le capot.

On trouve des ampoules de ce type en grandes surfaces ou dans les magasins de bricolage. Mieux vaut en avoir toujours en réserve.

CONSEIL

Comme tout ce qui comporte un moteur, la machine à coudre nécessite un peu d'entretien. Ces quelques gestes lui assureront une longue vie.

> Nettoyer l'espace boîte à canette :

Débrancher la machine, remonter l'aiguille en position haute, puis rabattre les 2 fixations noires du crochet vers l'extérieur.

Retirer l'anneau de fixation du crochet, puis le crochet lui-même.

Nettoyer avec la brossette. Ajouter une goutte d'huile pour machine (jamais d'huile alimentaire qui a un effet contraire à celui escompté), c'est le seul endroit de la machine qui est à graisser.

La machine peut aussi se bloquer quand il y a du fil coincé dans le crochet. Il suffit de retirer la bobine et de tourner manuellement le volant dans les 2 sens afin de retirer les restes de fil.

CONSEIL

Dans tous les cas, si la machine devient bruyante, il est impératif de procéder à un nettoyage et à un graissage. Penser aussi à lui offrir un entretien fabricant chez le revendeur.

Nettoyage et graissage

> Les tissus et les fils encrassent la machine : il est indispensable de la nettoyer assez régulièrement.

Travailler aiguille en position haute et pied presseur retiré. Avec le tournevis fourni, dévisser les 2 vis de la plaque à aiguille.

Retirer la plaque.

Avec la brossette, nettoyer à fond les griffes d'entraînement et le compartiment situé sous la plaque.

> **Attention :** d'une manière générale, toute intervention sur la machine se fait machine débranchée et dans de bonnes conditions de sécurité (éclairage, stabilité...).

Toujours penser à éteindre la machine si on doit s'éloigner, surtout si de jeunes enfants sont susceptibles de s'en approcher.

CONSEIL

Il est très important d'entretenir régulièrement la machine afin de ne pas la laisser s'encrasser : c'est l'une des conditions pour qu'elle apporte entière satisfaction.

Patrons - L'ours (réalisation p. 50)

Agrandir tous les patrons de 200 %
à la photocopieuse.
La croix indique l'emplacement des
boutons. Le trait figure les repères.

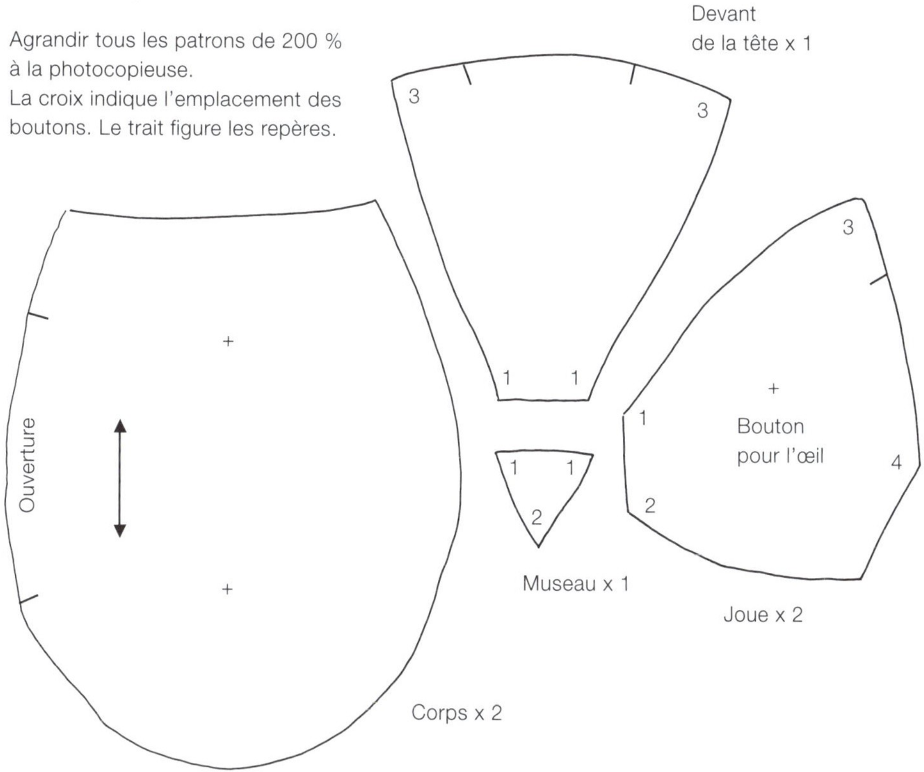

> Liste du matériel :

2 boutons nacre Ø 1,8 cm
4 boutons bleus Ø 1,5 cm
40 cm x 30 cm de tissu fantaisie
6 cm x 15 cm de tissu bleu
Molleton

Toutes les pièces se coupent dans le droit fil. Lorsque les pièces sont à découper 2 fois, plier le tissu en deux.

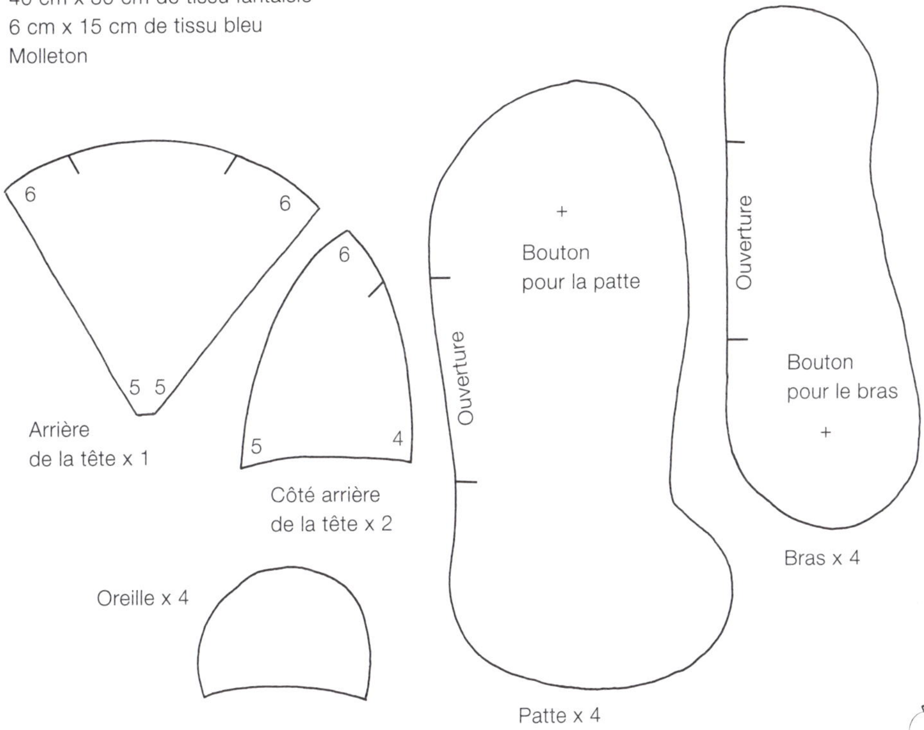

Petit lexique des **termes de couture**

> **Aiguillée :** fil enfilé dans l'aiguille.

> **Bâtir :** point provisoire fait à la main avant de piquer pour maintenir le tissu. On dit aussi « faufiler ».

> **Biais :** ruban très extensible, qui permet de faire de belles finitions autour des cols ou des emmanchures.

> **Canette :** mini-bobine à remplir de fil, qui assure la couture du dessous.

> **Cranter :** entailler les réserves de couture.

> **Découd-vite (ou découseur) :** petit outil coupant, qui permet de découdre rapidement une couture indésirable ou qui n'est plus utile.

> **Droit fil :** symbolisé par une flèche sur les patrons, il est parallèle aux lisières (bords qui ne s'effilochent pas) de la toile ; certains tissus n'en ont pas.

> **Entoiler :** avec le fer à repasser, coller au dos d'un tissu une toile destinée à le renforcer.

> **Faufiler :** voir bâtir.

> **Ouvrir une couture :** séparer les réserves d'une couture avec un fer à repasser.

> **Patron :** modèle en papier d'après lequel on taille un ouvrage.

> **Pied de biche :** axe qui monte et descend, sur lequel se fixe le pied presseur.

> **Pied presseur :** pied qui maintient une pression sur le tissu.

> **Rentré :** repli du tissu sur l'envers d'une pièce.

> **Repère :** repère tracé sur le patron, qui doit être indiqué sur le tissu à l'aide d'une craie, d'un feutre effaçable ou d'une épingle.

> **Réserve de couture :** espace entre la piqûwre et le bord du tissu.

> **Rhéostat :** pédale de la machine.

> **Surfiler :** piquer le bord d'un tissu pour l'empêcher de s'effilocher.

> **Surpiquer :** faire une couture parallèle à une première.

> **Toile thermocollante :** toile non tissée, qui se colle au fer à repasser au dos d'un tissu pour le renforcer ou éviter l'effilochage ; existe en plusieurs épaisseurs, couleurs…